AF563013

ÉLOGE FUNÈBRE

DE MONSIEUR

RENÉ PLOQUIN

Curé de Nôtre-Dame de Cholet,

PRONONCÉ DANS L'ÉGLISE NOTRE-DAME

LE 29 JUILLET 1851,

PAR M. L'ABBÉ BERNIER.

CHOLET,
IMPRIMERIE ET LIBRAIRIE DE F. LAINÉ.

1851.

ÉLOGE FUNÈBRE.

« Dixit populus ad Saül : Ergonè Jonathas morietur, qui fuit salutem hanc magnam in Israel? Liberavit ergò populus Jonatham. » (R. 1. Ch. XIV. v. 45.)

Le peuple dit à Saül : Est-il donc possible que Jonathas soit condamné à mourir, lui qui a sauvé Israël par cette grande victoire? Le peuple donc délivra Jonathas.

Mes Frères,

Après avoir surpris, taillé en pièces et poursuivi à outrance l'armée des Philistins, Jonathas, épuisé de fatigue et pressé par la faim, avait, sans le savoir, violé, en mangeant un peu de miel, le serment solennel de Saül, son père; un anathème avait été hautement prononcé, et le ciel semblait le ratifier, en indiquant le violateur par la voie du sort; déjà, en présence du peuple rassemblé, le roi avait prononcé cette terrible sentence : « *Morte morieris Jonatha*. Vous allez mourir, Jonathas. » Aussitôt un cri libérateur s'échappe de toutes les poitrines : « *Ergonè*.... Est-il donc possible » ... Cette grande voix de tout un peuple est respectée comme la voix de Dieu lui-même, et Jonathas est délivré par les réclamations d'Israël. *Liberavit ergò populus Jonatham*.

Vous aussi, peuple fidèle et chrétien de Cholet, vous avez délivré votre Jonathas, par l'unanimité soudaine et spontanée de votre pieuse intervention. Celui qui combattait à votre tête les combats du Seigneur, avec cette noble ardeur, avec ce grand courage qui illustra autrefois le fils du roi Saül, celui qui vous a fait remporter tant de victoires sur les ennemis de votre salut, saisi, tout-à-coup, par la main de l'impitoyable mort, venait d'être traduit inopinément au tribunal du Dieu trois fois saint, qui juge les justices mêmes. A la vérité, il y comparaissait couvert de ses mérites, escorté par ses vertus et protégé par ses œuvres. Toutefois, il n'était peut-être pas entièrement purifié de ces souillures qui sont inconciliables avec la gloire céleste, de ces fautes légères qu'il faut expier, pourtant, avant de jouir du bonheur, par d'inexprimables tourments. Mais le cri unanime de vos cœurs, mais le concert touchant de vos supplications s'est interposé entre Dieu et son humble ministre. Seigneur, avez-vous dit dans votre affliction, détournez vos regards de ces faiblesses inhérentes à notre pauvre humanité, pour ne vous souvenir que du zèle généreux de notre bien-aimé pasteur, et de son édifiante piété. Non, Seigneur, vous ne repousserez pas, même pour un instant, celui qui a tant fait pour votre gloire, qui a tant fait pour notre sanctification. *Ergonè morietur....* Et le Seigneur, nous en avons la douce confiance, a exaucé des vœux si légitimes et si fervents. Ainsi, par un juste retour, le pasteur dont la puissante prière avait si souvent protégé le troupeau, préservé à cette fois contre les coups de la justice divine, par l'amour de ses ouailles, a été reçu sans retard dans les bras de la miséricorde; et le peuple a délivré Jonathas. *Liberavit ergò populus Jonatham.*

Nous avions tous besoin, M. F., de cette grande consolation. J'en avais besoin plus que tous les autres. Je n'aurais point eu le courage de prononcer ici l'éloge funèbre de M. René Ploquin, curé de cette paroisse, si, au milieu de la douleur publique, je n'avais pas trouvé ce soulagement à ma propre douleur. Car j'ai perdu un ami de ma jeunesse et de ma vie entière; un ami sincère et dévoué, un ami toujours fidèle. Mais depuis que je vous ai vus, habitants de Cholet, vous prosterner au pied de cet autel, la douleur sur le visage et la prière sur les lèvres, puis vous lever comme un seul homme pour accompagner jusqu'à sa dernière demeure la dépouille de notre ami, j'ai senti mon cœur se dilater, et quand j'ai appris que vos pieuses supplications pour lui n'avaient pas cessé un seul jour, je n'ai plus douté de son entrée dans la compagnie des bienheureux. Au lieu de chercher à surexciter votre douleur, je veux me défier de la mienne et la dominer. Puisqu'il nous a été donné de trouver dans les funérailles mêmes de M. Ploquin, et jusque sur sa tombe, des pensées si rassurantes et des sentiments si doux, ne songeons en ce moment qu'à nous instruire et à nous sanctifier par le souvenir de ses exemples et par l'étude de ses vertus. L'intérêt que vous inspire le sujet m'assure, à l'avance, votre bienveillante attention.

La vie de M. Ploquin n'a point été une de ces vies à grand éclat et à grand mouvement, dont les phases et les évènements variés fixent l'attention du public et surprennent son admiration, mais dont les traits les plus saillants, malgré des dehors trompeurs de vertu, ou même d'héroïsme, ne sont, trop souvent, que des passions en lutte, triomphant les unes des autres. Elle a été une vie unie, simple, commune en apparence, dans laquelle l'orgueil ou l'ambition n'avait aucune part; mais une vie de dévouement et d'immolation, composée de jours pleins, et féconds en œuvres aussi solides que modestes. On peut la comparer à un ruisseau dont les eaux abondantes, mais toujours calmes et pures, ne cessent point de rafraîchir et de fertiliser une riche et riante vallée. Son aspect ne cause point ces émotions qu'on éprouve en contemplant l'océan ou les flots turbulents d'un grand fleuve, mais s'il excite moins d'étonnement et d'admiration, il procure plus de jouissance; on se sent heureux d'être sur ses bords, on les parcourt avec délices, on visite avec intérêt la source d'où émanent ses eaux bienfaisantes, et l'on ne s'en éloigne qu'avec regret. Telle fut la vie de M. Ploquin : elle fut l'épanchement abondant, mais tranquille et régulier, d'une grande et belle âme, agrandie encore par les inspirations de la foi, et ennoblie par le véritable esprit du sacerdoce.

Né au village de Soulanger, le 14 novembre 1792, dans une famille estimable, dont l'honnête aisance eut toujours pour condition le travail des champs, M. Ploquin aurait, sans doute, été toute sa vie un humble cultivateur, si la Providence n'avait pas placé auprès de son berceau un de ces établissements qui ont eu pour destination spéciale de recruter le clergé de l'Anjou, après notre première et si désastreuse révolution. Rouvert dès à la fin des troubles, par deux prêtres zélés, Messieurs Liger et Marquet, le collége de Doué obtint, quelques années plus tard, grâce au dévouement généreux et à la paternelle administration de M. l'abbé de Challopin, une importance et des succès qu'il n'avait jamais eus. Le jeune Ploquin y fut envoyé par ses vertueux parents, qui, du reste, étaient loin encore de songer à la noble et sainte carrière qu'il devait parcourir. Mais les heureuses qualités de son esprit et de son cœur fixèrent bien vite l'attention et l'intérêt de ses maîtres, et il ne leur fut pas difficile de discerner dans ce jeune étudiant, les indices certains d'une vocation surnaturelle.

La jeunesse de M. Ploquin correspondait à cette époque de notre siècle où tout, en France, était marqué au cachet de la grandeur : grandeur du génie qui planait avec tant d'éclat sur l'Europe entière; grandeur dans la législation; grandeur dans l'exercice de l'autorité et dans l'organisation administrative; grandeur dans les exploits militaires; grandeur dans les sciences et dans les arts; mais aussi grandeur de l'arbitraire, grandeur des abus, grandeur des souffrances publiques. Il y eut de la grandeur, à cette mémorable époque, jusque dans les combats littéraires auxquels s'exerçait, avec une noble ardeur, la jeunesse des écoles; et ce fut là un de ces cas exceptionnels, où, par une disposition providentielle, un grand bien prend, quelquefois, sa source, dans un grand excès de pouvoir.

Napoléon voulant faire entrer dans le domaine de son omnipotence jusqu'à l'exercice des facultés intellectuelles, avait créé, dès 1808, l'*Université impériale*. En 1811, il osa assigner les lycées aux pères de familles, comme d'inévitables entrepôts où il leur faudrait, dorénavant, acheter pour leurs enfants la rhétorique et la philosophie au prix du tarif, comme, autrefois, on était forcé d'acheter le sel dans les greniers publics. Ce fut donc une nécessité pour les colléges de Beaupreau, de Château-gontier et de Doué, d'envoyer au lycée d'Angers l'élite de leurs étudiants. M. Ploquin fut de ce nombre; et il était digne, par la solidité de ses talents et par la généreuse ardeur de son caractère, d'entrer dans la lutte de ces jeunes intelligences, dont l'émulation s'éleva et se soutint pendant trois ans, à une hauteur dont notre pays n'a point revu d'exemple.

On vit alors, dans le sanctuaire même de l'Université, et sous la main de ses professeurs, les élèves préparés par l'enseignement clérical, entrer résolument en concurrence contre les élèves préparés par l'enseignement laïque et officiel, disputer toutes les victoires, et obtenir de l'impartialité de leurs nouveaux maîtres les plus beaux prix, les plus glorieuses palmes. La tribu lévitique était soutenue dans ce combat, par les regards d'un saint prélat, dont le sourire était à lui seul un puissant encouragement, une précieuse récompense.

Il eut la douce consolation de voir, pendant trois années consécutives, la même épreuve se renouveler avec les mêmes circonstances et la même signification; résultat caractéristique, et qui était une puissante et irréfutable protestation contre ce monopole odieux, qui a survécu à l'empire, et qui n'a laissé place à la liberté qu'après avoir régné un demi-siècle.

Ces souvenirs, M. F., sont nécessaires pour comprendre la jeunesse de M. Ploquin, et pour apprécier les causes qui agirent sur son esprit et sur son cœur dans ses premières années, et qui donnèrent à son âme cette force énergique, cette ampleur de vues et de sentiments dont vous deviez, plus tard, recueillir des fruits si abondants! D'autres noms, je le sais, brillèrent plus que le sien dans cette intéressante lutte; mais il y montra qu'il eût pu choisir parmi les carrières libérales et les parcourir toutes également avec un plein succès; et nul autre n'obtint à un plus haut degré l'estime et l'affection de ses maîtres et de ses condisciples. Si les convenances m'interdisent de nommer, en ce moment, quelques uns d'entre ces derniers, et de vous dire qu'ils ont tenu à grand honneur de cultiver M. Ploquin, et de conserver son amitié, leur présence à cette triste cérémonie suffit à son éloge et vaut mieux cent fois que toutes mes paroles. Celui qui s'est élevé le plus haut par ses vertus et par ses talents, est aussi celui qui a donné à cet ami commun, les témoignages les plus manifestes et les plus touchants de sa profonde estime et de son cordial attachement. C'est pour le presser sur son cœur qu'un vénérable Archevêque, le digne successeur de Fénélon, honorait votre ville de sa présence, il y a quelques mois. En les voyant se jeter dans les bras l'un de l'autre, avec tant d'effusion, vous étiez loin de penser qu'ils se disaient le dernier adieu, et ils n'avaient pas plus que vous le pressentiment de cette grande amertume, dont, hélas! si peu de temps après, nous devions être abreuvés!

Ce fut avec ces honorables amis que M. Ploquin commença son cours de théologie, en novembre 1814. Pour cultiver ces jeunes plantes si pleines de sève et de vie, pour diriger et régler leur développement, sans amortir leur essor par une compression indiscrète, il fallait des mains habiles, des mains expérimentées. Elles ne firent pas défaut. Les précepteurs nés de la jeunesse cléricale, les prêtres vénérés de Saint-Sulpice, écartés depuis quelques années de leurs séminaires, par le despotisme impérial, venaient d'y rentrer, entourés de l'estime publique et appelés par la confiance des élèves. Ce fut un jour de fête, un jour de bonheur pour M. Ploquin, et pour ses condisciples, que celui qui les plaça sous la direction de cet homme de vénérable, de sainte, de délicieuse mémoire, dont le nom rappelle tant de science, tant de vertus, tant et de si importants services rendus à notre diocèse, de cet incomparable abbé Meilloc, si édifiant comme prêtre, si aimable comme supérieur, si habile comme administrateur, si complet en un mot, que personne n'égalait pour la finesse du tact ou la justesse des aperçus dans l'appréciation des sujets, non plus que pour la dextérité dans le maniement des esprits, et qui ne le cédait à personne, ni en aménité, ni en dévouement paternel et généreux pour les élèves du sanctuaire. Il avait alors pour collaborateurs M. Frémond et M. Desgarets, qui remplirent si dignement après lui les fonctions du supériorat, et dont les noms se confondent avec le sien dans les plus doux souvenirs du clergé.

Jamais ces habiles maîtres n'eurent à travailler sur une âme plus heureusement disposée que celle du jeune Ploquin. Aussi s'ouvrit-elle, sans réserve et sans mesure, pour recueillir leurs doctes et pieuses leçons, pour se pénétrer de leurs saintes maximes et s'approprier leur esprit éminemment sacerdotal. On le citait, dans le séminaire, comme un modèle de docilité et de confiante simplicité, de régularité, d'application à l'étude et de ferveur dans les exercices de piété. Aussi puisa-t-il à plein cœur, dans les trésors de l'ordination, les grâces que J.-C. y a déposées, en faveur de ceux qui ont l'insigne honneur de devenir *les dispensateurs de ses mystères.*

Le séminaire avait été pour M. Ploquin comme un cénacle, où il avait reçu la plénitude des grâces sacerdotales, et l'Esprit-Saint avait fait de son cœur comme un foyer de zèle et de charité, dont les nobles ardeurs avaient pour unique objet la gloire de Dieu et le salut des âmes. La ville de Beaufort, si constamment heureuse dans les ministres sacrés, dans les pasteurs, que le Seigneur lui a choisis avec une visible prédilection, était digne d'ailleurs d'avoir les prémices d'un ministère timide encore mais déjà brillant, et dont les premiers succès furent l'heureux présage des fruits abondants qu'il devait bientôt produire ailleurs. Un vieillard non moins vénérable par son mérite que par ses longs services, placé aux confins de deux diocèses, dont il faisait l'édification, M. Fonteneau, curé de Tillers, commençait à s'affaisser sous le poids d'un fardeau pour lequel son dévouement et ses forces ne suffisaient plus. On lui donna pour coadjuteur le vicaire de Beaufort.

Dieu voulait que M. Ploquin fût, de tout point, un modèle pour le clergé. Aussi donna-t-il dans sa personne le plus bel exemple de ce respect filial, de ces égards prévenants et délicats dont il convient d'user envers les anciens du sanctuaire, qui ont blanchi dans l'exercice des fonctions pastorales, de cette réserve modeste et circonspecte que les entraînements du zèle ou même l'exaltation causée par le succès, font si facilement oublier! Rien de plus aimable, rien de plus édifiant à voir, rien de plus heureux pour une paroisse, que les rapports qui s'établirent entre ce jeune prêtre et son respectable curé; rien de plus touchant que leur séparation, lorsqu'enfin des infirmités toujours croissantes obligèrent ce dernier à laisser entièrement la houlette pastorale à son collaborateur.

Tillers se consola de la perte de M. Fonteneau par la possession de M. Ploquin. Mais M. Ploquin lui-même, quelle fut donc sa consolation pour une perte plus vivement sentie par lui que par tous les autres? La voici : il lui fut donné de déposer le saint vieillard entre les mains d'un neveu prêtre lui-même, et dont il connaissait déjà le cœur noble et affectueux, entre les mains de M. l'abbé Angebault, dont le mérite précoce faisait l'honneur du clergé de Nantes, qui n'était encore pour lui qu'un honorable ami, mais que, vingt-quatre ans plus tard, il devait, avec tout le diocèse d'Angers, vénérer comme son évêque et chérir comme un père.

Telle fut la première jeunesse de M. Ploquin, telle fut la préparation du saint prêtre, tels furent ses premiers pas dans la carrière sacerdotale. Il est temps de la voir se déployer sur un plus grand théâtre.

La divine providence réservait un poste plus élevé aux talents de M. Ploquin, un champ plus vaste à son zèle. Il fut nommé curé de Cholet, le 10 juillet 1824, et tout le monde applaudit à un choix si judicieux. Il fallait appeler à ce poste un talent solide et incontestable, après M. Beurier, que ses connaissances variées et son esprit vraiment supérieur avaient rendu si imposant. Il fallait une charité ardente et ingénieuse, alors que la grande prospérité du commerce avait cessé pour Cholet, alors que le nombre des familles nécessiteuses allait toujours croissant, pour remplacer ce curé ami des pauvres, à qui des goûts de simplicité, des habitudes sévères, une tenue de maison modeste, à l'excès peut-être, et une vie presque solitaire, avaient permis de répandre d'abondantes aumônes. Il fallait un zèle à toute épreuve, pour remédier dans l'intérêt du culte extérieur, comme dans l'intérêt spirituel des âmes, à des souffrances déjà invétérées, imputables aux malheurs des circonstances, aux discordes civiles, à la pénurie des ouvriers évangéliques.

Allez, prêtre du Seigneur, et surmontez les appréhensions de votre humilité ! Personne ne se prévaudra contre vous de votre jeunesse, puisqu'on y verra la vigueur et la fermeté de l'âge mûr, la gravité et la prudence de la vieillesse. Allez avec confiance et livrez-vous aux impressions de votre cœur sacerdotal ; il va trouver des cœurs nobles et compatissants, des cœurs généreux et dignes de lui. Allez avec confiance; le peuple vers qui Dieu vous envoie, est un peuple plein de foi, de douceur et de bonté, peuple docile et confiant, avide de la parole sacrée, où le Seigneur s'est réservé des âmes d'élite, en grand nombre, dont les saintes aspirations vous appellent depuis long-temps, sans vous connaître, pour marcher d'un pas plus assuré et plus rapide dans la voie de la piété et de la perfection chrétienne. Allez et bénissez à l'avance le Dieu des vertus, qui vous prépare une riche et abondante moisson.

Un grand nombre d'entre vous, M. F., se rappellent l'effet que produisirent à Cholet les premiers débuts de M. Ploquin. On fut frappé, tout d'abord, de cette gravité, qu'il savait concilier avec une grande aisance et une remarquable aménité de formes, gravité qu'il conservait toujours, mais qui prenait un caractère marqué de dignité pieuse et de majesté sainte, quand il était dans l'exercice des fonctions sacrées, et surtout dans la célébration des saints mystères. C'est alors, c'est à l'expression vive de sa foi, à la ferveur manifeste de sa prière, qu'on reconnaissait l'homme de Dieu. Il n'édifiait pas moins et il exerçait encore plus d'empire dans la chaire de vérité. On venait en foule pour entendre des prédications telles que la foi, la charité et la science réunies savent seules les produire; on se sentait attiré par une éloquence dont le cœur était la véritable source, mais qu'un esprit cultivé et judicieux réglait et dirigeait toujours, éloquence vive et chaleureuse, heureusement servie par un organe souple et moëlleux, et par une action facile, variée, naturelle, toujours mesurée, toujours digne, toujours exempte d'exagération. D'un autre côté, on admirait sa parfaite régularité, son exactitude, son empressement à offrir les secours de son ministère, son activité constante et son infatigable dévouement. Bientôt les personnes particulièrement appelées à la pratique de la piété et des conseils évangéliques, surent apprécier la valeur de sa direction et les ressources qu'elles trouvaient dans ses lumières, dans sa sagesse, dans sa charité.

Tels furent à son début, dans la paroisse de Notre-Dame de Cholet, les succès de M. Ploquin. Pendant 28 ans ils n'ont point subi d'éclipse, parce qu'une foi vive et un zèle ardent, n'ont point cessé un seul instant d'illuminer son esprit et d'échauffer son cœur, pas plus que la prudence pastorale n'a cessé de régler toutes ses démarches et de diriger tous ses pas; car tout était coordonné dans ce beau caractère, que la grâce s'était plu à perfectionner. Sa noble ardeur ne le précipita jamais dans des démarches téméraires. Son zèle ne connaissait ni l'amertume, ni les emportements, ni les excès. Sévère pour lui-même et rigide observateur de toutes les règles, il était plein de miséricorde pour les pécheurs et indulgent pour tout le monde. En lui la vertu n'avait rien de rebutant, rien de guindé, rien d'austère, il savait la rendre aimable par une franche cordialité, par une douce gaîté et une sérénité inaltérable.

Tant de belles qualités, tant de vertus, ne pouvaient pas manquer de gagner à M. le curé de Cholet, l'estime, la confiance et l'affection générales. De là l'heureuse et salutaire influence qu'il exerçait, sans même y prétendre, sur tous ceux qui l'entouraient. Naturellement ses jeunes collaborateurs se formaient sur son modèle, et sa maison était une école pratique de toutes les vertus sacerdotales. La paroisse de Notre-Dame expérimente aujourd'hui encore, comme toujours, et à sa grande édification, l'efficacité de cet enseignement quotidien, donné dans une vie toute de famille, par les exemples du père, et religieusement recueilli par la piété des enfants. La cure de Notre-Dame était devenue, en outre, comme un point de ralliement, comme un centre commun pour le clergé du pays. On était sûr d'y trouver toujours, avec une cordialité toute fraternelle et une hospitalité honorable, les sages conseils, les lumières de l'expérience, les doux épanchements de l'amitié. Mais c'est assez parler du caractère et des qualités de M. Ploquin ; laissons parler ses œuvres, elles feront son éloge beaucoup mieux que ne le sauraient faire tous les discours.

Sa présence à Cholet ne tarda pas à y réveiller la piété. Faute de stimulants, faute de culture, dans la disette où l'on était partout d'ouvriers évangéliques, elle s'était assoupie et comme engourdie dans des cœurs d'ailleurs chrétiens et pleins de foi. Bientôt le culte extérieur et toutes les cérémonies religieuses, y prirent une décence, une dignité, une pompe, depuis trop long-temps inconnues. Cette église, aujourd'hui si lugubre et comme enveloppée de son deuil, se revêtit, en peu de temps, d'une riche et grâcieuse ornementation; long-temps elle resta, sous ce rapport, supérieure incomparablement à toutes celles de la contrée; et c'est à M. Ploquin qu'appartient l'honneur d'avoir excité autour de lui cette noble émulation, d'avoir allumé ce zèle pour la maison du Seigneur, dont on admire partout, et notamment dans la seconde paroisse de Cholet, les magnifiques résultats.

Son œuvre de tous les jours, son œuvre de prédilection, après la sanctification des âmes, était l'assistance des indigents. Ils sont nombreux à Cholet, et leur souffrance est extrême, lorsque certaines crises commerciales viennent à coïncider avec la cherté des subsistances. Mais, grâces en soient rendues au Dieu de charité, à côté de l'humble et pauvre ouvrier à qui un pénible et continuel labeur ne fournit pas le nécessaire, il a placé, en très-grand nombre, des âmes bienfaisantes dont les sacrifices incessants et les infatigables largesses dépassent tout ce qu'on voit ailleurs. Imprimer une impulsion plus forte encore et plus efficace à cette admirable charité, contribuer à l'unité et au bon ordre dans la répartition des aumônes, tel fut le beau rôle de M. Ploquin, et qu'il remplit avec toute l'énergie de sa belle âme, après avoir lui-même largement donné, mais donné, comme tout le monde aujourd'hui le sait et le reconnaît, avec cette sainte abnégation qui ne tient aucun compte de l'avenir, qui ne connaît point les réserves.

Il est une aumône plus excellente encore que la précédente : l'aumône de l'instruction religieuse et de l'éducation chrétienne. Si elle vient à manquer au pauvre, il n'y a plus pour lui ni consolation solide, ni espérance, ni morale; sans elle la pauvreté dégénère en un paupérisme corrompu, hideux et menaçant; c'est elle qui répond au besoin le plus pressant de notre société moderne.

La fondation de l'école chrétienne a donc été pour cette ville un immense bienfait: elle le doit au zèle de M. Ploquin. Dignes enfants du vénérable abbé de La Salle, livrez-vous avec sécurité à vos pénibles et utiles travaux, les mains pieuses et libérales qui s'étaient ouvertes pour votre œuvre à la voix du vénéré pasteur ne la laisseront point dépérir en se refermant. Cholet tout entier comprend maintenant cette belle œuvre et sait l'apprécier; du haut du ciel, celui qui l'a fondée la suit des yeux et la protège par sa prière: elle ne saurait périr.

Ce fut une grande et heureuse pensée, M. F., que celle d'ouvrir enfin à Cholet un collége digne de l'importance de cette ville, et en proportion avec l'influence qu'elle exerce dans un vaste rayon. Vous êtes fiers, habitants de Cholet, de votre bel établissement; j'en suis fier moi-même pour ma ville natale; il fallait bien qu'après s'être placée à un rang distingué dans l'ordre industriel et commercial, elle s'élevât aussi et au même niveau, dans l'ordre littéraire et intellectuel. Honneur donc et reconnaissance aux hommes intelligents et dévoués, dont les généreux sacrifices, dont les efforts persévérants, dont la direction désintéressée et sage ont produit cette belle institution, ou en ont facilité le progrès et les développements. Mais en même temps, et au même titre, honneur et reconnaissance à M. Ploquin. Il n'a pas eu l'initiative, elle ne lui appartenait pas; eût-elle été de son ressort et dans ses attributions, eu égard à des circonstances qu'il serait douloureux de développer, car elles se lient à une grande, à une lamentable ruine, cette initiative ne lui convenait pas. Mais du moment où il fut appelé à prêter son concours à cette œuvre, il la patronna franchement, il lui voua ce zèle et cette ardeur qu'il avait toujours pour le bien. Pour en assurer solidement l'avenir, pour en préparer la prospérité, il se résigna à un sacrifice très-coûteux à son cœur de pasteur et de père, il se sépara d'un collaborateur qui partageait, avec sa sollicitude et ses travaux, l'estime et l'affection de tout le troupeau; d'un prêtre qu'il chérissait alors comme un fils, et qu'il devait un jour, mais beaucoup trop tard, hélas! et pour trop peu de temps, être heureux avec tout le diocèse de vénérer comme son supérieur, et le digne représentant du premier pasteur. Quelques années après un second sacrifice de la même nature et pour la même fin lui fut encore demandé, et il y consentit. Dans toutes les crises qui se sont produites, car l'établissement en a eu plus d'une à subir, il est intervenu avec empressement et avec vigueur, et c'est au crédit qu'il avait si justement acquis sur l'esprit et sur le cœur de son évêque que vous devez la situation et l'organisation actuelles, qui offrent tant de garanties et promettent tant de succès.

Voilà, sans contredit, de belles œuvres, des œuvres d'une grande portée, des œuvres bien méritoires. Toutefois, ne balançons pas à le dire, la principale gloire de M. Ploquin se trouve dans l'exercice du ministère qui a pour objet direct et immédiat la sanctification des âmes. Le zèle qui l'embrasait était vraiment apostolique. De là, malgré la multiplicité de ses occupations ordinaires, malgré ses fatigants travaux, l'impossibilité où il semblait être de résister aux sollicitations d'un confrère qui venait lui demander quelques prédications extraordinaires. Où est la paroisse du pays qu'il n'ait évangélisée? qui ne sait la sainte ardeur avec laquelle il prêchait dernièrement encore les retraites pour le Jubilé? . . .

Le désir de glorifier J.-C. son divin maître, en sauvant les âmes et en les sanctifiant, était pour lui une sorte de passion dominante, comme pour l'ambitieux le désir d'avancer ses affaires, ou pour l'avare le désir d'augmenter son trésor; c'était la vie de son âme et comme le fond de toutes ses pensées. Aussi dans ses entretiens particuliers, dans ses communications intimes avec ses amis, le voyait-on toujours revenir, comme par une pente naturelle, et ramener peu à peu la conversation sur son ministère et sur les moyens d'en assurer et d'en étendre les succès. Tout autre sujet était devenu pour lui indifférent ou fastidieux. Toujours vous étiez l'objet de ses préoccupations, pauvres pécheurs, brebis égarées qu'il eût tant désiré charger sur ses épaules, pour vous rapporter dans le bercail. Toujours vous étiez dans son cœur, honnêtes et vertueux ouvriers, qui luttez sans succès par un opiniâtre travail, contre la gêne ou l'indigence ; vous qu'il aimait tant à soulager et à consoler, vous dont il était heureux de relever le courage abattu, en vous montrant le ciel ! Vous ne sortiez point de sa pensée, âmes pieuses, qui faisiez sa plus douce consolation, vous qu'il soutenait, qu'il dirigeait, qu'il animait avec tant de sagesse, tant d'onction, tant de dévouement, dans les voies de la perfection chrétienne.

Mais il est une des œuvres de M. Ploquin qui résume à elle seule tout le mérite de son zèle et toute la puissance de son ministère. C'est cette admirable institution de la persévérance fondée, en faveur des hommes, à la suite d'une mémorable mission. Qu'il est touchant de voir, à plusieurs époques de l'année, des chrétiens de tout temps fidèles, ou des pécheurs dont la solide et sainte conversion a réjoui le ciel et les anges, venir ensemble écouter avec docilité les exhortations et les encouragements du pasteur, et se rendre à la table sainte par milliers, pour y renouveler et raffermir leurs pieuses résolutions. Une paroisse où le zèle pastoral a pu créer et aviver pendant dix ans une pareille institution, est une paroisse bénie du Seigneur ! M. F., consolez-vous ; le Seigneur ne vous a point retiré ses bénédictions en appelant au ciel votre vénérable et bien-aimé pasteur. Il lui donnera, soyez-en bien sûrs, et j'en ai l'entière certitude, un successeur digne de lui ; il vous donnera un pasteur digne de vous.

Quand on considère attentivement, M. F., l'ensemble et les détails de la vie de votre cher et vénéré pasteur, de cette vie si laborieuse, si bien remplie et si fortement caractérisée par le dévouement et par l'abnégation; quand on réfléchit à ce grand courage qui ne reculait devant aucune fatigue, et qui s'est refusé à tout repos, même depuis que de premières atteintes avaient servi d'avertissements et d'indices à la catastrophe que nous déplorons, on se rappelle, avec attendrissement, ces paroles que Saint Paul adressait aux habitants de Corinthe : « De grand cœur je mettrais pour vos âmes sacrifice sur » sacrifice, et je les couronnerais par le sacrifice de moi- » même et de ma vie. » *Libentissime superimpendam, ipse et superimpendar.* Oui votre généreux pasteur a réalisé, dans sa personne, ce vœu sublime formé par la charité d'un Apôtre, et il me semble que je l'entends vous dire : Troupeau chéri, je vous ai tout donné; mes épargnes, mon temps, mon repos, ma santé, tout a été sacrifié à votre bien spirituel, au salut de vos âmes; la vie me restait, et quoique usée déjà par des fatigues dont votre bonheur était l'unique fin, j'aurais pu la prolonger long-temps encore, en modérant ou en cessant de si pénibles travaux; mais, non, elle était à vous ma vie, je vous l'avais vouée tout entière, et j'ai voulu la sacrifier comme tout le reste. Puisse donc, cette dernière immolation, assurer votre salut! M. F., il ne sera pas stérile ce vœu d'un cœur qui vous a tant aimés. Il portera ses fruits ce sacrifice si noble et si généreux. Sanctifiez-vous donc de plus en plus, et fortifiez-vous dans la pratique de toutes les vertus, par le souvenir des saintes leçons et des touchants exemples que vous a donnés votre bien-aimé pasteur, et vous aurez le bonheur de faire un jour, dans le ciel, sa gloire et sa couronne.....

Chòlet, Imprimerie de F. LAINÉ, Grande Rue.

www.ingramcontent.com/pod-product-compliance
Lightning Source LLC
LaVergne TN
LVHW010249230826
846091LV00007B/2869

* 9 7 8 2 0 1 2 8 6 1 5 6 5 *